Venance Shillingi Salum

Implementação de planos estratégicos no sector público da Tanzânia

Venance Shillingi Salum

Implementação de planos estratégicos no sector público da Tanzânia

Imprint

Any brand names and product names mentioned in this book are subject to trademark, brand or patent protection and are trademarks or registered trademarks of their respective holders. The use of brand names, product names, common names, trade names, product descriptions etc. even without a particular marking in this work is in no way to be construed to mean that such names may be regarded as unrestricted in respect of trademark and brand protection legislation and could thus be used by anyone.

Cover image: www.ingimage.com

This book is a translation from the original published under ISBN 978-620-2-01958-3.

Publisher:
Sciencia Scripts
is a trademark of
Dodo Books Indian Ocean Ltd. and OmniScriptum S.R.L publishing group

120 High Road, East Finchley, London, N2 9ED, United Kingdom
Str. Armeneasca 28/1, office 1, Chisinau MD-2012, Republic of Moldova, Europe
Printed at: see last page
ISBN: 978-620-7-78763-0

IMPLEMENTAÇÃO DO PLANO ESTRATÉGICO NO SECTOR PÚBLICO DA TANZÂNIA

Teoria e prática nas agências de execução.

Venance Shillingi Salum
Universidade de Mzumbe
Mzumbe, Tanzânia

A Deus todo-poderoso, por me ter dado força e orientação que continuo a receber ao longo da minha vida. À minha mãe (Ngollo), à minha mulher Sarah e aos meus filhos (Princess, Barack, Prince e Purity) pelo seu amor, carinho e apoio

RECONHECIMENTO

Estou profundamente grato à conclusão bem sucedida deste trabalho a Deus Todo-Poderoso pelo seu favor para me fazer cumprir esta missão académica, e ao brilhante apoio de muitas pessoas que desempenharam diferentes papéis desde o início desta jornada. Roselyn Gakure e ao Prof. Romanus Odhiambo, ambos da Universidade de Agricultura e Tecnologia Jomo Kenyatta, pela sua imensa contribuição e orientação que contribuíram consideravelmente para o desenvolvimento deste relatório.

Não me esqueço de agradecer o amor inabalável, a compreensão e o carinho que recebi da minha esposa Sarah; e dos meus filhos Princesa, Barack, Príncipe e Pureza pela compreensão e paciência com a minha ausência durante todo o período de desenvolvimento deste trabalho. Por fim, agradeço a todos os que, de uma forma ou de outra, contribuíram para a realização deste trabalho e que estiveram presentes quando mais precisei de vós.

RESUMO

Este estudo foi concebido para investigar o papel do apoio da gestão de topo e dos recursos da organização na implementação de planos estratégicos no sector público da Tanzânia, com especial referência às agências de execução. Muitas conclusões da literatura indicam que muitas organizações falham não devido a uma má formulação das estratégias, mas que a execução das estratégias é a chave para o seu fracasso ou desaparecimento; e vários estudos revelaram que o processo de implementação continua a ser um desafio para alcançar os objectivos das organizações. O principal objetivo do estudo foi investigar os factores que influenciam a implementação do PE no sector público. Os objectivos específicos eram: descobrir de que forma o apoio da gestão de topo e os recursos da organização afectam a implementação do SP nas agências executivas em Dar es Salaam, Tanzânia. A revisão da literatura foi feita de modo a compreender os estudos anteriores sobre a execução de SP no sector público. No que respeita à metodologia, o estudo utilizou uma amostragem aleatória estratificada para obter cinquenta (50) inquiridos nas cinco agências executivas. Os dados primários foram recolhidos através de questionários e depois analisados com recurso ao SPSS e à folha de cálculo Excel. O estudo concluiu que a gestão de topo influencia a implementação de planos estratégicos, uma vez que, em média, 68% dos inquiridos concordaram com o apoio da gestão de topo para uma implementação bem sucedida do PE. Além disso, uma média de 67% dos inquiridos concordou que os recursos humanos e financeiros são muito importantes no processo de implementação do plano estratégico. Por conseguinte, o estudo concluiu que a gestão de topo e os recursos da organização afectam a implementação do plano estratégico no sector público com a intenção de melhorar a qualidade da prestação de serviços. O estudo recomendou que, em primeiro lugar, a gestão de topo do sector público deve dar prioridade à necessidade de recursos como as finanças e os recursos humanos qualificados; em segundo lugar, deve ser reforçada uma melhor definição de prioridades na atribuição e utilização de recursos no sector público; e isto criará valor e melhorará a qualidade da prestação de serviços no sector público.

ÍNDICE DE CONTEÚDOS

CEO	-	Chief Executive Officer
CSC	-	Client Service Charter
MTEF	-	Medium Term Expenditure Framework
NGOs	-	Non-Governmental Organisation
NPM	-	New Public Management
OPRAS	-	Open Performance Review Appraisal System
PM	-	Performance Management
PSRP	-	Public Sector Reform Program
SP	-	Strategic Plan
USA	-	United States of America

DEFINIÇÃO OPERACIONAL DOS TERMOS

Agencificação: refere-se ao processo de criação de agências no sector público (Moynihan, 2006). A agencificação envolve o processo de desmembramento das tradicionais burocracias públicas monolíticas e centralizadas em organizações públicas de finalidade única e semi-autónomas que são geridas à distância dos seus ministérios de tutela. Trata-se de uma espécie de "purificação" de funções, em que os ministérios centrais ou os líderes políticos mantêm o papel de elaboração de políticas, enquanto as tarefas de implementação são transferidas para organizações públicas descentralizadas, aqui designadas por agências (Verschuere, 2007).

Implementação: de acordo com Mintzberg (2004), a implementação no contexto da organização refere-se à transformação da estratégia em ação. Envolve a organização dos recursos da empresa, a motivação e a liderança do pessoal para atingir os objectivos da organização.

Recurso organizacional: refere-se a todos os activos, processos organizacionais, capacidades, conhecimentos, atributos da empresa, informações e muito mais que permitem a uma organização executar estratégias e aumentar a sua produtividade (Barney, 2001).

Plano Estratégico: O plano estratégico é um processo que traça a direção geral de uma instituição. É um guia passo a passo que traça a forma como a organização atingirá os seus objectivos no futuro (Mintzberg, 2004).

Estratégia: Smullen (2007) define estratégia como a direção e o âmbito de uma organização a longo prazo, concebida para mudar o ambiente através da sua configuração de recursos e competências com o objetivo de cumprir a visão, os objectivos e as expectativas das partes interessadas. Trata-se, portanto, de um meio para atingir os objectivos da organização.

CAPÍTULO UM
PLANO ESTRATÉGICO NO SECTOR PÚBLICO

l. Introdução

Este estudo foi concebido para investigar o papel do apoio da gestão de topo e dos recursos da organização na implementação do plano estratégico no sector público da Tanzânia, com especial referência às agências de execução. Neste capítulo, são apresentados em pormenor os antecedentes do estudo, o enunciado do problema, os objectivos do estudo, as limitações e as justificações para a realização deste estudo.

1.1 Antecedentes do estudo

T noção de implementação de um plano estratégico tem sido apoiada por todos os sectores do mundo devido à sua aparente contribuição para a eficácia das organizações (Thompson, Strickland & Gamble, 2007). Atualmente, tanto o sector privado como o público e o terceiro sector têm levado a sério a necessidade de dispor de um plano estratégico como instrumento para melhorar o desempenho das organizações. No entanto, há uma complexidade que requer atenção na gestão das organizações do sector público. Esta complexidade engloba disposições organizacionais, escolhas políticas, interesses comunitários e objectivos da organização que, por vezes, estão em desacordo com os das partes interessadas. A principal preocupação do planeamento estratégico na Nova Gestão Pública (NGP) é permitir às organizações do sector público gerir a interconexão e a inter-relação entre os vários factores externos e internos com o objetivo de melhorar a prestação de serviços de qualidade para o bem público. O modelo do NPM defende a sequência de reformas que visam remodelar o sector público à semelhança do sector privado (Pollitt e Bouckaert, 2004). A este respeito, prevê-se que o planeamento estratégico reforce a capacidade de uma organização para adotar a mudança e aumentar a capacidade dos membros da organização para pensar, aprender e agir de forma estratégica (Bryson, 2004).

1.2 Gestão pública

De acordo com Kettle (2002), a gestão da organização no sector público encontra-se num período de transformação em todo o mundo. As organizações internacionais de ajuda e os governos têm levado a cabo grandes programas de reforma no sector público (Casey, 2009). É ainda argumentado que a gestão pública é uma atividade extremamente complexa com parâmetros complexos. Inclui disposições organizacionais, valores, escolhas políticas, interesses da comunidade, objectivos da organização e pontos de vista individuais, que são por vezes contraditórios e inconsistentes com os das partes interessadas (Heyer, 2010). Por conseguinte, considera-se que os decisores no sector público são

8

decisores políticos, gestores e advogados constitucionais. Isto porque, satisfazer todas as exigências políticas, de gestão e constitucionais no sector público é uma tarefa mais difícil. Embora o principal objetivo do sector público deva permanecer sempre o mesmo, ou seja, prestar um serviço de qualidade ao público, as opiniões sobre a forma como isso deve ser feito podem ser muito variadas; enfatizar uma determinada abordagem pode provocar uma controvérsia considerável (Casey, 2009).

1.2.1 Nova gestão pública

O conceito de Nova Gestão Pública (NGP), que se tornou popular nas décadas de 1980 e 1990 (Horton, 2006), é uma preocupação importante na organização do sector público, gerindo a interconexão e a inter-relação entre os vários factores externos e internos para melhorar a prestação de serviços de qualidade para o bem público. Pollitt e Bouckaert (2004) argumentam que o modelo de NPM apoia reformas que são deliberadamente concebidas para remodelar os serviços no sector público à semelhança das operações do sector privado. A Nova Gestão Pública (NGP) tem vindo a espalhar-se por todo o mundo e a transformar muitos sistemas de natureza burocrática desde os anos 80, oferecendo uma nova ideologia e um novo modelo de gestão (Horton, 2006). Coloca a ênfase na gestão do desempenho, na responsabilização e na transparência dos gestores e dos funcionários do sector público (Heyer, 2010). A Nova Gestão Pública inclui a equidade social na gestão do sector público. A equidade social inclui uma série de concepções organizacionais, preferências de valores e estilos de gestão. Também se dá ênfase à responsabilidade pela tomada de decisões e pelos programas, à igualdade nos serviços públicos e à capacidade de resposta às necessidades dos cidadãos.

São vários os factores que levaram ao aparecimento do MPN no início da década de 1980. Nesta altura, assistiu-se a uma grande agitação nacional e internacional, com grandes mudanças políticas, económicas e sociais a ocorrerem em simultâneo em muitos países do mundo (Casey, 2009). A ênfase do sector público em relação à agenda política foi colocada na necessidade de fazer mais com menos (eficiência), pelo que os gestores do serviço público deveriam desafiar os orçamentos, as estruturas e os processos de prestação de serviços (Gorringe, 2001). Além disso, como refere Gillespie (2006), o público aumentou a pressão no sentido da responsabilização do sector público na utilização dos fundos públicos e na prestação de melhores serviços públicos. Não obstante a força das nações ocidentais no sentido de adoptarem o GPN e reverem as suas burocracias, a influência do GPN permaneceu desigual entre sectores e nações; por exemplo, Butterfield, Edward e Woodall (2004) observaram que alguns países na Europa adoptaram apenas algumas características seleccionadas, enquanto outros incluíram uma ética de gestão sem introduzir completamente o GPN nas suas operações. Muitos países em desenvolvimento, no entanto, fizeram sérias tentativas para adotar o GPN, aprendendo com os países ocidentais, contribuindo para a chamada "globalização do GPN". O MPN tem sido elogiado pelo aumento bem-sucedido da eficiência e da eficácia das organizações do sector público, especialmente na Nova Zelândia e no Reino Unido, embora noutros países ocidentais a sua aplicação tenha enfrentado diferentes graus de aceitação por parte dos gestores (Heyer, 2010).

Além disso, a questão da adoção de princípios empresariais do sector privado no sector público suscitou um aceso debate académico, havendo quem defenda que as diferenças entre os sectores público e privado tornam as teorias e atitudes do segundo inaplicáveis ao primeiro (Casey, 2009). Outro argumento é que a adoção do NPM levou à substituição da lógica de gestão pública, da especificidade, da singularidade e do modelo de operações na prestação de serviços públicos (Horton, 2006). No entanto, apesar destas críticas, considera-se que os princípios do NPM adoptados pelas agências governamentais na Tanzânia melhoraram o desempenho e a fiabilidade da prestação de serviços. Por conseguinte, o modelo de funcionamento das agências executivas da Tanzânia é bastante diferente do domínio da função pública.

1.2.2 Organizações do sector público

O principal objetivo das organizações do sector público é garantir que os objectivos nacionais sejam cumpridos, que os problemas sejam resolvidos e que a qualidade de vida dos constituintes melhore. No entanto, existe pouco consenso sobre a forma como o sector público deve proceder, bem como muitas abordagens alternativas sobre a forma como pode ser bem sucedido. É por isso que, como defende Heyer (2010), o sector público tanto falha como consegue atingir os seus objectivos. Por vezes, os objectivos do sector público são desviados por interesses políticos, comprometendo assim a prestação de serviços de qualidade ao público. Por conseguinte, Moore (2000) defende que a criação de valor público significa gerar projectos, programas, infra-estruturas e políticas que aumentem o sucesso público a um custo razoável para o bem comum.

1.2.3 Agências de execução no sector público

Num protótipo ideal de MPN, as agências são criadas com várias características que reforçam a autonomia, incluindo a autonomia financeira e de recursos humanos, acompanhadas de uma rigorosa responsabilização dos directores executivos pelos resultados do desempenho (Joshi & Ayee, 2009). A automatização e os contratos de desempenho são as características que definem a reforma da agencificação. Fazem parte do governo e destinam-se à administração da lei, o que as distingue das empresas privadas e de outras organizações sem fins lucrativos (James, 2003). No entanto, tanto as empresas privadas como as agências públicas produzem valor, mas, nas agências, o valor público (Moore, 2000) beneficia toda a população e não apenas os clientes pagantes (valor privado). Do mesmo modo, alguns dos beneficiários da atividade pública, como os beneficiários da segurança social, usufruem de valor privado sem pagar pelo serviço. Além disso, no sector privado, as organizações têm de confiar mais nas suas capacidades internas, enquanto as agências públicas podem recorrer à cooperação com outras unidades (Alford, 2001). Por conseguinte, as agências de execução tornaram-se um instrumento importante para melhorar o desempenho do sector público, mesmo em países com um longo historial de separação das funções públicas, como a Suécia, onde as antigas agências foram reestruturadas de acordo com as ideias do MPN (Moynihan, 2006).

Além disso, Smullen (2007) argumentou que a agencificação se tornou moda e todos os países estão a tentar pôr a ideia em prática. Isto porque o objetivo da reforma da agencificação é criar unidades específicas para tarefas dentro do governo que sejam flexíveis e centradas nos resultados. A linha de pensamento do MPN é que estas organizações públicas autónomas são mais eficientes do que as unidades departamentais normais (James, 2003). Assim, num curto espaço de tempo, a ideia de agência espalhou-se do seu quintal original, principalmente nos países anglo-americanos, para diferentes partes do mundo (Caulfield, 2002). O Canadá, por exemplo, começou a implementar o programa de agencificação em 1993 (Prince, 2000). No Japão, a ideia de criar agências foi posta em prática em 1998 através da criação de Corporações Administrativas Independentes (Yamamoto, 2000). Nos países da África Subsariana, os programas de agencificação foram principalmente patrocinados e promovidos por instituições financeiras internacionais como o Banco Mundial, o Fundo Monetário Internacional (FMI) e outros doadores ocidentais (Caulfield, 2002). Os patrocinadores forneceram apoio financeiro e técnico para a introdução de agências executivas no sector público com o objetivo de melhorar o desempenho e, como resultado, as agências executivas foram introduzidas na Tanzânia no âmbito do programa de reforma da função pública (PSRP) fase dois de 2000 - 2011 (Bana & Ngware, 2006).

Na Tanzânia, é possível distinguir as agências de execução de outras organizações públicas, onde todas as agências são criadas ao abrigo de uma única legislação: a Lei das Agências de Execução, n.º 30 de 1997. A lei não só fornece orientações sobre a forma como as agências devem ser criadas em cada um dos ministérios, como também confere a todas as agências características genéricas. Por conseguinte, as agências de execução são, de facto, diferentes das organizações acima referidas em vários aspectos. De acordo com Sulle (2010), uma agência é uma organização pública com as seguintes características centrais: está estruturalmente desagregada do seu ministério de tutela (funciona com independência em relação ao seu ministério de tutela); tem uma certa forma de contrato de desempenho com o seu ministério de tutela; tem poder de decisão autónomo em relação às suas principais questões de gestão (está, em certa medida, desregulamentada em questões financeiras e de recursos humanos), embora ainda esteja formalmente sob o controlo do seu ministério de tutela; e é composta por funcionários públicos. Atualmente, a Tanzânia tem vinte e sete (27) agências de execução.

1.2.4 Adoção do planeamento estratégico no sector público

O principal objetivo da organização do serviço público é promover a equidade social e criar valor público através da adoção de mudanças na estrutura, nas funções e nos limites do governo e de mudanças no paradigma da gestão (Bryson, 2011). Além disso, de acordo com Horton (2006), a gestão pública enfatiza a análise de políticas, os sistemas de orçamentação, o orçamento base zero, o planeamento de programas, as medições de produtividade e a reestruturação, sendo estas iniciativas orientadas para a equidade social. Por conseguinte, o planeamento estratégico no sector público promove a tomada de decisões, o pensamento estratégico, aumenta a eficácia organizacional, cria interligação entre departamentos, alinha a cadeia de valor e todo o sistema social é amplamente servido.

O planeamento estratégico é um processo de formulação de planos e políticas estratégicas que transformam o carácter ou a direção da organização (Bryson, 2011). Além disso, Cater e Pucko (2010) explicam que, numa empresa industrial, este processo inclui o planeamento que influencia os objectivos das empresas, todos os tipos de políticas, o mercado e os canais de distribuição, a aquisição e a disposição das principais instalações, as novas fontes de capital permanente, as divisões, a estrutura organizacional das filiais e a investigação e desenvolvimento de novas linhas de produtos. Além disso, o planeamento estratégico é uma formulação de planos a nível organizacional através da definição de objectivos, políticas e estratégias flexíveis e abrangentes da empresa, que a orientam para a sua visão futura (Aldehayyat & Anchor, 2010). É também um método que envolve factores e técnicas de forma sistemática para realizar determinadas tarefas (O'Regan & Ghabadian, 2002). Assim, o planeamento estratégico pode ser considerado uma ferramenta de gestão vital para as empresas, uma vez que fornece uma direção e assegura a disponibilização dos recursos adequados quando necessário. Grant (2003) defende que, dada a importância do planeamento estratégico, a estratégia deve ser comunicada a toda a organização e executada a cada nível.

O principal valor do planeamento estratégico é que melhora a coordenação e controla a análise do desempenho e o progresso em direção aos objectivos; ajuda a identificar as ameaças e oportunidades externas, bem como os pontos fortes e fracos internos e melhora a comunicação interna entre os trabalhadores, o que reforça a atitude favorável à mudança (O'Regan & Ghobadian, 2002). Além disso, os planos estratégicos melhoram o desempenho ao combinarem as estratégias de cada unidade de negócio numa estratégia empresarial global. Além disso, o objetivo do planeamento estratégico é ser um instrumento de gestão para ajudar a organização a tomar decisões estratégicas (Lorange 2010). Além disso, é visto como uma forma de as empresas se adaptarem para alcançar as suas actividades planeadas. A este respeito, prevê-se que o planeamento estratégico reforce a capacidade da empresa para adotar a mudança e aumentar a capacidade dos membros para aprender, pensar e agir de forma estratégica (Bryson, 2011). Sendo um plano estratégico um documento vivo, as empresas precisam de ter o processo de planeamento correto para concretizar as suas estratégias (Mintzberg, 2000). De acordo com Pearce e Robinson (2009), o principal objetivo da formulação e implementação de estratégias é permitir que a empresa atinja a sua missão de longo e curto prazo. Para serem capazes de responder rapidamente às mudanças do mercado e à concorrência, as organizações precisam de ser flexíveis; assim, podem estar mais bem preparadas para responder a ambientes de turbulência e, consequentemente, influenciar o planeamento estratégico na melhoria do desempenho (Rudd et al., 2008).

1.2.5 Apoio da gestão de topo

Charan e Colvin (1999)[1] estabeleceram que 70% das estratégias fracassam devido a uma execução deficiente, em que os gestores são indecisos e não se empenham, e não em resultado do conteúdo estratégico ou da decisão em si; outros investigadores estimaram a taxa de fracasso entre 50% e 90% (Sirkin, Keenan & Jackson, 2005). Assim, os executivos devem tomar decisões sensatas quando abordam determinadas estratégias que podem afetar as pessoas e a sua implementação global. Na incerteza do ambiente empresarial, o planeamento estratégico centra-se muitas vezes nos CEO devido à sua responsabilidade final na direção da empresa (Koufopoulos & Chryssochoidis, 2000); o que faz com que os empregados de diferentes posições hierárquicas dentro de uma organização sintam resistência e influenciem as práticas de planeamento estratégico a partir de interacções a muitos níveis diferentes, alimentando assim a inércia (Jarzabkowski & Bologun, 2009). O planeamento estratégico tem um efeito integrador que revela conflitos de interesses a diferentes níveis; e, por conseguinte, cada unidade de negócio e subunidades de negócio respondem e experimentam de forma diferente os efeitos

---

[1]Ver http://archive.fortune.com/magazines/fortune/fortune archive/1999/06/21/261696/index.htm

integradores das estratégias de planeamento. Por conseguinte, o interesse próprio, as questões políticas no seio da organização e o nível limitado das responsabilidades dos gestores influenciam a forma como a informação é partilhada e, consequentemente, o grau de implementação das estratégias.

Além disso, a execução bem sucedida da estratégia depende de dois factores: em primeiro lugar, a necessidade de se concentrar em objectivos estratégicos correctos, defendidos pelos gestores de topo, que associem a empresa à sua estratégia, estabeleçam medidas e marcos de sucesso e assegurem uma afetação eficaz dos recursos; e, em segundo lugar, a liberdade concedida a todos os elementos da organização para serem criativos na descoberta de formas novas e inovadoras de realizar esses objectivos. A execução da estratégia exige que a empresa estabeleça objectivos anuais, formule políticas, motive o pessoal e atribua recursos para que as estratégias planeadas possam ser implementadas (Syrett, 2007). Além disso, Wheelen e Hunger (2000) afirmam que os gestores divisionais e funcionais trabalham no desenvolvimento de programas, orçamentos e procedimentos para a execução da estratégia com os seus colegas gestores. Isto é feito para obter sinergia entre divisões e funções para a criação e manutenção da competência única da organização. Além disso, a condição prévia mais importante para uma execução bem sucedida da estratégia é o empenhamento dos executivos ao mais alto nível em seguir a direção da estratégia. Por conseguinte, os gestores de topo têm de mostrar a sua vontade de dar lealdade e energia ao processo de execução. Este compromisso notório torna-se, ao mesmo tempo, um sinal positivo para todos os membros afectados de uma organização (Jarzabkowski & Bologun, 2009). Para garantir que a estratégia é executada como planeado, os executivos de topo não devem considerar que os gestores de nível inferior têm as mesmas percepções sobre a execução de estratégias e a sua importância e urgência. Pelo contrário, devem trabalhar em conjunto com os trabalhadores para atingir esses objectivos.

1.2.6 Recursos da organização

Segundo Whittington (2002), os recursos da empresa incluem, na maioria dos casos, pessoal qualificado, capital e redes sob a forma de finanças, operações, técnicas, alianças estratégicas e recursos humanos. Os recursos da organização criam uma vantagem competitiva após o desenvolvimento de uma forte capacidade que é difícil de replicar num determinado sector. Este facto é corroborado por Abok (2013), que argumentou que a riqueza material, os recursos de conhecimento e a capacidade de coordenação são muito importantes para a execução de estratégias com êxito. Assim, a estratégia empresarial é determinada pelas técnicas de gestão de recursos eficientes que foram adoptadas para enfrentar a concorrência num ambiente altamente competitivo (Jarzabkowski &

Balogun, 2009). Neste sentido, a utilização eficiente dos recursos aumenta a capacidade de obter uma força competitiva estratégica desejável. Neste caso, uma má gestão adequada dos recursos conduz a repetidos fracassos na execução bem sucedida das estratégias planeadas, quer se trate do sector público, privado ou voluntário; e, por conseguinte, o sucesso da organização é assim determinado pelos pontos fortes internos da organização, porque isso leva os indivíduos a atingir os seus objectivos pessoais e organizacionais (Okioga, 2012). Por conseguinte, é necessário dispor de gestores com formação que coordenem e giram a utilização dos recursos das organizações, que são raros e dispendiosos de obter.

1.2.7 Implementação de planos estratégicos

A execução da estratégia implica todas as actividades e escolhas levadas a cabo para atingir os objectivos da organização. É através das implementações estratégicas que as políticas e estratégias são postas em ação através de orçamentos, programas e procedimentos (Wheelen & Hunger, 2000). Além disso, Morgan, Levitt e Malek (2007) argumentam que a execução de estratégias envolve uma abordagem sistémica que orienta a organização para a utilização eficiente e eficaz dos recursos. Essa abordagem ajuda a conceber, identificar e dar prioridade aos investimentos necessários no projeto, de modo a que todos compreendam o que deve ser feito para implementar a estratégia. Além disso, o êxito da aplicação da estratégia depende de dois factores, independentemente da escolha dos programas e projectos pela organização. Estas duas coisas incluem: se os objectivos concebidos para cada programa e projeto continuam a ser relevantes e razoáveis, tendo em conta as mudanças competitivas dinâmicas no ambiente; e se os projectos e programas são bem geridos para atingir os objectivos de um determinado investimento (Morgan et al, 2007). É ainda argumentado que uma excelente execução da estratégia sem uma estratégia sólida é tão má como uma estratégia excelentemente elaborada com uma execução deficiente (Wheelen & Hunger, 2000). Assim, a formulação da estratégia e a execução da estratégia devem ser consideradas como duas faces da mesma moeda, ou seja, a formulação e a execução dependem uma da outra para evitar fracassos estratégicos. A medição do desempenho é outro elemento significativo no processo de gestão estratégica (Poister, 2005).

Além disso, Atkinson (2006) concorda que a execução da estratégia é geralmente um dos aspectos mais demorados e complicados do processo de gestão estratégica, enquanto a formulação da estratégia é principalmente um ato intelectual e criativo que envolve análise e síntese; a execução da estratégia é uma ligação entre a formulação e o controlo. Nos organismos públicos, o processo de gestão estratégica é facilitado através do seguinte: em primeiro lugar, o desenvolvimento e a utilização de medidas de resultados para estimar o progresso em direção aos objectivos estratégicos; em segundo lugar, a atribuição de medidas quantitativas de desempenho com prazos; e, em terceiro lugar, a adoção de uma atitude, pela empresa, que é proactiva para a utilização da medição do desempenho (Poister, 2005). Além disso, a implementação dos programas, projectos e planos de ação desenvolvidos dará vida às estratégias e criará valores tangíveis (Bryson, 2011). Assim, o processo de implementação permitirá uma aprendizagem adaptativa e essa aprendizagem conduzirá a uma melhor compreensão do processo de formulação do plano estratégico, que alimentará a nova ronda de planeamento estratégico. As estratégias não implementadas não têm qualquer impacto no sucesso de uma organização.

1.2.7 Reforma do sector público e planeamento estratégico na Tanzânia

Na Tanzânia, o programa de reforma do sector público foi introduzido na década de 1990, com o objetivo de mudar o sector público da orientação para os processos para a orientação para os resultados. O objetivo das reformas era aumentar a eficácia de recursos escassos, melhorar a capacidade de resposta do governo aos cidadãos e aproximar a tomada de decisões dos constituintes (Christensen & Laegereid, 2001). Isto também é apoiado por Njunwa (2005), que afirma que, com a introdução e a adoção de reformas no sector público, houve uma mudança de enfoque da adesão a procedimentos formalizados para uma ênfase na afetação de recursos e na consecução de objectivos para melhorar a prestação de serviços ao público e estar mais em sintonia com o pensamento contemporâneo sobre a gestão do sector público. Os programas de NPM envolveram a separação das actividades não comerciais das actividades comerciais dos organismos públicos e a motivação dos organismos para adoptarem objectivos de redução de custos, de maximização dos lucros e de desenvolvimento empresarial semelhantes aos do sector privado (Ibid, 2001). Para atingir este objetivo, foram introduzidos diferentes instrumentos de desempenho, incluindo o Plano Estratégico (PE), a Carta de Serviço ao Cliente (CSC), os Sistemas Abertos de Avaliação do Desempenho (OPRAS) e o Quadro de Despesas a Médio Prazo (QDMP), no processo de tentativa de melhorar o desempenho do sector público. Por conseguinte, este estudo tem por objetivo investigar os factores que influenciam a implementação de planos estratégicos no sector público, com especial referência a agências de execução seleccionadas na Tanzânia.

1.3 Declaração do problema

O processo de planeamento estratégico foi adotado no sector público como um aspeto da Nova Gestão Pública (NPM). No entanto, formular uma estratégia estável e coerente é uma tarefa difícil para qualquer equipa de gestão, e fazer com que essa estratégia funcione, ou seja, executá-la em toda a organização, é ainda mais desafiante e difícil (Hrebiniak, 2006). São inúmeros os factores que podem afetar o processo pelo qual as estratégias da organização são transformadas em acções organizacionais.

De facto, o que integra as estratégias é a implementação bem sucedida das mesmas. Okumus (2003), no seu estudo sobre um quadro de implementação da estratégia, considerou o contexto, o processo e os resultados como variáveis que influenciam a implementação de planos estratégicos na indústria hoteleira; por outro lado, Ali & Hadi (2012), no seu estudo sobre o levantamento e a identificação dos factores que afectam a execução bem sucedida de estratégias empresariais em empresas de cidades industriais da província distante, identificou o pessoal, o planeamento, a gestão, a organização e os factores externos como factores que influenciam a implementação de estratégias empresariais. Além disso, Abok (2013), no seu estudo sobre os factores que afectam a execução eficaz de planos estratégicos em organizações não governamentais no Quénia, identificou os estilos de gestão, as comunicações, a cultura organizacional, o papel das partes interessadas e os recursos organizacionais como factores que influenciam a execução de estratégias em ONG no Quénia. No entanto, os estudos empíricos acima referidos não fornecem provas do papel do apoio da gestão de topo e dos recursos organizacionais na forma como influenciam a implementação de planos estratégicos no sector público nas agências executivas da Tanzânia; por conseguinte, o presente estudo destina-se a colmatar a lacuna encontrada na literatura.

1.4 Objetivo geral

i. O objetivo geral do estudo era examinar o papel do apoio da gestão de topo e dos recursos organizacionais na forma como influencia a implementação de planos estratégicos no sector público da Tanzânia, com referência a agências executivas seleccionadas.

1.4.1 Objectivos específicos

Os objectivos específicos do estudo foram os seguintes

i. Examinar se o apoio da gestão de topo afecta a implementação de planos estratégicos no sector público.

ii. Investigar o impacto dos recursos da organização na influência da implementação de planos estratégicos no sector público.

1.5 Questões de investigação

i. O apoio da gestão de topo afecta a implementação de planos estratégicos no sector público?

ii. Os recursos da organização influenciam a implementação de planos estratégicos no sector público?

1.6 Justificação do estudo

Em primeiro lugar, o sector público na Tanzânia está a passar por uma reforma, ao mesmo tempo que abraça o processo de implementação de planos estratégicos para lhes permitir prestar serviços de qualidade ao público, pelo que este estudo irá trazer à luz os factores-chave que influenciam a implementação de planos estratégicos no sector público. Em segundo lugar, os académicos no domínio da gestão estratégica e do sector público podem considerar este estudo como a base para estudos futuros.

1.7   Âmbito do estudo

O estudo concentrou-se nas agências de execução situadas em Dar es Salaam, na Tanzânia, sob a alçada de diferentes ministérios de tutela. Além disso, este estudo centrou-se apenas em dois factores do processo de implementação, que são o apoio da gestão de topo e os recursos da organização.

1.8   Limitações do estudo

Neste estudo, as principais limitações foram de ordem financeira, de tempo e de informação classificada como confidencial. No entanto, para cobrir as despesas de deslocação e alojamento durante o trabalho de campo, a análise e a redação do relatório, foram solicitados fundos ao empregador, à família e aos amigos para cobrir essas despesas. Além disso, por uma questão de tempo, o estudo concentrou-se apenas em cinco agências executivas localizadas em Dar es Salaam que foram estudadas dentro do prazo. Além disso, no que diz respeito à burocracia do sector público, o acesso a algumas informações pertinentes que são classificadas como confidenciais. O investigador recorreu a lobbies e a uma carta de apresentação da entidade patronal, descrevendo que as informações recolhidas se destinavam apenas a fins académicos e que, por conseguinte, o acesso a essas informações era facilitado.

1.9   Resumo do capítulo

O capítulo apresentou os antecedentes do problema, o enunciado do problema, as questões de investigação e os objectivos do estudo. Além disso, discutiu-se a importância e as limitações do estudo. O capítulo seguinte apresenta a revisão das várias literaturas deste estudo.

CAPÍTULO DOIS
TEORIAS E LITERATURA SOBRE PLANEAMENTO ESTRATÉGICO

2.0 Introdução

Este capítulo apresenta e revê as literaturas subjacentes a este estudo. A revisão da literatura empírica analisa os estudos anteriores relacionados com a implementação do plano estratégico; e o quadro concetual especifica as variáveis deste estudo.

2.1   Revisão da literatura sobre a implementação da estratégia

A execução da estratégia tem sido amplamente reconhecida como um desafio de gestão fundamental (Li et al., 2010), mas continua a ser uma área comparativamente pouco abordada na literatura sobre gestão estratégica. Além disso, a execução da estratégia é um processo iterativo, dinâmico e complexo, composto por uma série de decisões e actividades dos gestores e dos trabalhadores, que são afectados por uma série de factores internos e externos inter-relacionados, à medida que se esforçam por atingir os objectivos estratégicos através da implementação de planos estratégicos. A principal tarefa dos gestores é assegurar a continuidade da existência das suas organizações. É evidente que as empresas que executam planos estratégicos obtêm desempenhos superiores aos das empresas que não os executam, mas estas estratégias falham frequentemente devido a problemas encontrados na fase de implementação (Sirkin et al, 2005). As decisões estratégicas devem, no entanto, ser implementadas com a consciência de que o seu sucesso é vital para a organização em causa. Ao identificar os factores que influenciam o processo e os resultados da fase de implementação da estratégia, uma organização estará mais bem preparada para o seu desempenho futuro, o que, em última análise, contribuirá para o seu resultado final. Uma vez que a implementação de estratégias é muitas vezes acompanhada de mudanças no processo, no sistema e até na estrutura de uma organização (Hrebiak, 2006), os executivos devem tomar decisões sensatas quando abordam determinadas estratégias que podem afetar as pessoas e a sua implementação global. Charan e Colvin (1999) concluíram que 70% das estratégias falham devido a uma má implementação, em que os gestores são indecisos e não estão empenhados, e não em resultado do conteúdo estratégico ou da decisão em si; outros investigadores estimam que a taxa de insucesso se situa entre 50% e 90% (Sirkin et al, 2005).

2.1.1   Apoio da gestão de topo à execução da estratégia

No processo de implementação do plano estratégico, a gestão ao mais alto nível tem dois aspectos principais, que é o de dar liderança e fornecer os recursos necessários em todo o processo (Burney,1991). Para uma execução bem sucedida do plano estratégico, a gestão deve acompanhar o

19

progresso da execução e oferecer uma orientação clara do projeto. Os gestores devem estar dispostos a mudar e aceitar o facto de que o exercício implica aprendizagem a todos os níveis, incluindo eles próprios (Okioga, 2012). Os trabalhadores e a organização, os gestores devem aprender a facilitar a introdução de mudanças no local de trabalho (Burney, 1991). Al-Mashari et al (2003) afirmam que, a implementação eficaz do SP requer o estabelecimento de competências essenciais, entre as quais a utilização de estratégias de gestão da mudança para promover a infusão do SP no local de trabalho; onde a comunicação pode ser usada como uma estratégia importante na mudança de atitude dos potenciais utilizadores.

O processo de execução necessita do apoio da gestão de topo durante todo o processo, sendo necessária a sua aprovação para se alinhar com os objectivos estratégicos da empresa (Summer, 1999). Por conseguinte, é muito importante associar os prémios de gestão ao êxito do projeto. Além disso, é necessário o empenhamento da gestão de topo para mostrar a sua vontade e envolvimento na afetação de recursos valiosos ao esforço de execução (Al-Mashari, et al, 2003). Isto requer a afetação das pessoas necessárias para a execução e a atribuição de um período de tempo adequado para a realização da tarefa.

2.1.2 Recursos da organização para a execução da estratégia

Burney (1991), os recursos da organização incluem o processo da organização, todos os activos, capacidades, atributos da empresa, conhecimento, informação e muito mais que permite a uma empresa conceber e executar estratégias para melhorar a sua produtividade. Consequentemente, a empresa só pode criar uma vantagem competitiva quando a sua estratégia não é implementada simultaneamente por outros concorrentes no sector e quando outras organizações não são capazes de reproduzir os benefícios dessa estratégia (Barney, 1991). Como mencionado, a visão da empresa baseada nos recursos prevê que certos tipos de recursos da empresa, que são controlados e detidos, têm o potencial e a promessa de criar uma vantagem competitiva, o que conduz finalmente a uma organização mais superior.

Em suma, os recursos da organização são a base para a realização de uma vantagem competitiva sustentável. Para gerar vantagem competitiva, os recursos de uma empresa devem ter alguns atributos, tais como: devem ter valor no sentido de que exploram oportunidades e reduzem ameaças no ambiente da empresa, devem ser raros, imperfeitamente imitáveis e não podem ser facilmente substituídos por concorrentes num determinado sector em que a empresa opera (Okioga, 2012).

2.2 Revisão teórica da literatura

De acordo com Bhagrava (2003), uma teoria é definida como um conjunto de ideias, definições e proposições correlacionadas que apresentam uma visão sistemática dos fenómenos, especificando relações entre variáveis com o objetivo de explicar ou prever os fenómenos.

2.2.1 Teoria do poder no planeamento estratégico

A literatura sobre a teoria do poder no planeamento estratégico argumenta que a mudança estratégica e a elaboração de estratégias fornecem informações sobre a forma como o poder é exercido pelos gestores para levar a cabo acções estratégicas (Hardy, 1996). Além disso, Jarzabkowski e Balogun (2009) argumentam que a teoria do poder permite que os gestores se concentrem na criação da estratégia da empresa e utilizem o seu poder para controlar e influenciar os gestores de nível intermédio para garantir o alinhamento durante a execução do plano estratégico. Esta teoria apoia o objetivo do papel da gestão de topo no apoio à implementação de planos estratégicos.

2.2.2 Teoria baseada em recursos

O ponto de vista baseado nos recursos propõe que os recursos e capacidades únicos de uma empresa constituam a base de uma estratégia. A estratégia escolhida pela empresa deve permitir-lhe explorar da melhor forma as suas competências essenciais em relação às oportunidades no ambiente externo da empresa (Barney, 1991). Esta teoria apoia o segundo objetivo específico deste estudo, ou seja, se os recursos da organização influenciam a implementação de planos estratégicos no sector público.

Tabela 2.1: Resumo das teorias

Variables Identified	Theory & Authors	Theory content	Explanation	Critique
Top management support	**Power Theory in Strategic planning** Hardy (1996); Jarzabkowski and Balogun (2009)	Strategic change and strategy making provides insight how power is exercised by managers to carry out strategic actions; and how middle level managers are influenced to ensure alignment during strategic plan execution.	Management has a vital role in resource allocation and influencing other employees in achieving organisation strategies.	The theory considered positively the role of management in in executing strategies, however, the theory does not show how the role of employees at operation level towards executing strategies.
Organisation resources	**Resource Based Theory** (Singh & Mahmood, 2014), Barney (2001); Yip (2003); Wheelen and Hunger (2000)	Organisation's unique resources and capabilities gives the basis for strategy; and power of organisation over other firms depends on its resources.	The resources to be unique need to be rare, inimitable, valuable and non-substitutable. These types of resources are good in creating sustainable competitive advantages of the firm.	The theory does not consider other resources outside the firm. For instance, outsourcing. Also, it is not clear what type of resources are good in creating competitive advantage in public sector.

2.3   Quadro concetual

Neste estudo, partiu-se do pressuposto de que a execução bem sucedida de planos estratégicos foi teorizada como variável dependente do apoio da gestão de topo e dos recursos da organização. Ou seja, as variáveis independentes (apoio da gestão de topo e apoio da organização) afectam positiva ou negativamente a execução bem sucedida do plano estratégico (variável dependente).

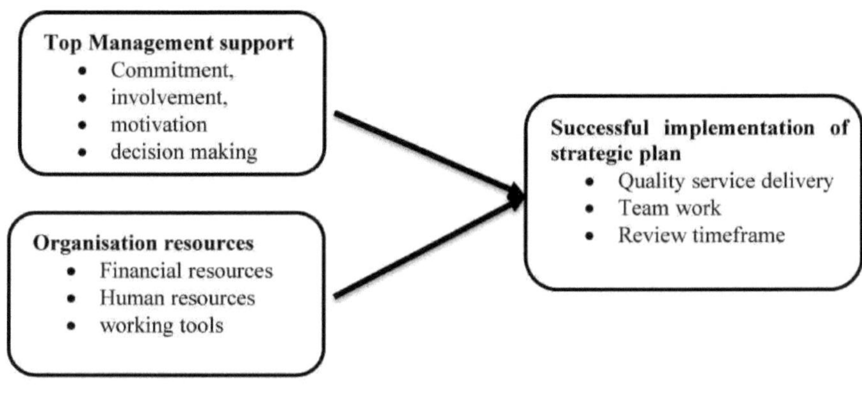

Figura 2.1: Quadro concetual para a implementação do plano estratégico

2.4   Revisão da literatura empírica do estudo

Os estudos empíricos são as investigações que obtêm os seus dados através de experiências ou da observação direta para responder a uma hipótese ou a uma pergunta (Sekaran, 2010). Por conseguinte, nesta secção serão apresentados estudos anteriores que foram realizados sobre os factores que influenciam a execução de planos estratégicos, com maior ênfase em variáveis como o apoio da gestão, os recursos da organização, a cultura da organização e o papel das partes interessadas que afectam a execução bem sucedida das estratégias.

2.2.3   Apoio da gestão de topo

O estudo de Imbali et al (2016) sobre os factores que influenciam a implementação da estratégia na indústria do turismo, realizado no Parque Nacional de Maasai Mara, no Quénia, revelou que os valores defendidos pela gestão de topo, bem como a força da cultura na organização, relacionada com o grau de consistência dos valores, crenças, pressupostos e práticas no sector, foram os que mais influenciaram a implementação da estratégia. Os resultados revelaram que a liderança e os factores de gestão da mudança eram factores-chave que influenciavam a implementação da estratégia no sector do turismo, particularmente nos parques nacionais do Quénia. No entanto, o estudo considerou apenas duas variáveis deste estudo e o estudo incide sobre a indústria do turismo e não sobre o sector público, pelo que este estudo colmatará a lacuna que não foi preenchida por este estudo.

Além disso, Mumenya, Mokaya e Kihara (2014) no estudo sobre "Liderança como fator que afecta a implementação eficaz da estratégia na indústria transformadora no Condado de Nakuru, Quénia: A Case Study of Bidco Oil Refineries Limited" revelou que a liderança organizacional era o fator mais importante que influenciava a implementação eficaz da estratégia. Os resultados revelaram que quase metade dos trabalhadores não participava frequentemente na tomada de decisões. No entanto, este estudo vai além da questão da liderança para explorar outros factores na implementação. Além disso, Ng'ang'a e Ombui (2013), no estudo sobre "Factores que influenciam a implementação de planos estratégicos em escolas secundárias públicas no distrito de Lari, no condado de Kiambu", concluíram que a liderança era fundamental na execução de planos estratégicos, seguida da afetação de recursos, da comunicação e, por último, da estrutura organizacional. O estudo não analisou a cultura organizacional e os papéis das partes interessadas, como o presente estudo pretende fazer.

Além disso, no estudo sobre o desempenho das empresas que incluía 49 grandes organizações de seguros, Awino (2007) revelou que a cultura e a gestão eram variáveis muito importantes para o desempenho das empresas; e concluiu que o desempenho financeiro e não financeiro era afetado por estas variáveis em graus variáveis. Além disso, foi revelado que 70% das estratégias falhadas se devem a uma execução deficiente causada pela indecisão dos gestores e pela falta de empenhamento; e não devido ao conteúdo estratégico ou à decisão em si (Franken et al., 2009). A participação dos gestores de nível intermédio melhora a execução bem sucedida da estratégia e, por conseguinte, o envolvimento dos gestores é essencial para que as organizações alcancem a execução das estratégias planeadas.

2.2.4 Recursos organizacionais

Abok, (2013) realizou um estudo sobre os factores que influenciam a implementação de planos estratégicos em organizações não governamentais (ONG) no Quénia. Este estudo concluiu que as organizações que proporcionavam um ambiente propício e recursos eram eficazes na incorporação de uma cultura que encorajava a união, o espírito de trabalho em equipa e a vontade de partilhar e executar os objectivos da organização. Nkosi, (2015) no estudo sobre "Factores que afectam a implementação da estratégia: A Case Study of a Local Municipality in Mpumalanga Province, South Africa" revelou que a falta de recursos financeiros adequados era um desafio significativo na implementação da estratégia. No entanto, o estudo considerou apenas os recursos financeiros e não os recursos humanos, materiais e de informação, como este trabalho pretende fazer. Gachua e Mbugua (2016) no seu estudo, "Factors Affecting Strategy Implementation in Private Universities in Kiambu County, Kenya" confirmaram que a implementação de estratégias em universidades privadas é altamente influenciada pelo compromisso da gestão e pela disponibilidade de recursos para a tomada de decisões estratégicas.

Do mesmo modo, Mumbua e Mingaine (2015) no estudo sobre "Factores que influenciam a implementação de planos estratégicos no Conselho Municipal de Machakos, Quénia" revelaram que não existe um alinhamento adequado dos recursos com os planos estratégicos do Conselho. No entanto, o estudo considerou apenas os recursos humanos e de informação, enquanto outros recursos, como os materiais e os financeiros, não foram considerados neste estudo. O presente estudo, depois de ter analisado uma série de outros estudos, tenta ter um enfoque mais amplo, incluindo uma gama de recursos e avaliando a forma como estes influenciam a implementação de planos estratégicos no sector público.

2.2.5 Implementação de planos estratégicos

Um estudo realizado em governos municipais nos Estados Unidos da América (EUA) revelou que 22% das cidades incluídas na amostra utilizavam indicadores de desempenho para monitorizar a forma como os objectivos estratégicos eram alcançados nas suas estratégias planeadas (Poister & Streib, 2005); foi igualmente revelado que as agências estatais dos EUA tendiam a desenvolver medidas de desempenho que reforçavam o processo de planeamento através da estimativa de programas e resultados. Além disso, Hrebniak (2006) estudou os obstáculos à execução eficaz da estratégia e revelou que o fracasso na execução dos planos estratégicos se devia a uma partilha de informação deficiente e inadequada, com responsabilidade e responsabilização incertas. Do mesmo modo, um estudo realizado por Cater e Pucko (2010) sobre as actividades e os obstáculos à execução da estratégia numa amostra de 172 empresas eslovenas revelou que os gestores se baseiam sobretudo no planeamento e na organização de actividades quando implementam estratégias, enquanto o maior obstáculo à execução da estratégia é uma liderança deficiente. Além disso, os resultados revelaram que a execução da estratégia é dificultada por competências de gestão inadequadas e pela relutância dos trabalhadores em partilhar os seus conhecimentos e, finalmente, tem uma influência negativa no desempenho da empresa.

Por conseguinte, este estudo irá considerar factores como o apoio da gestão de topo, os recursos da organização, a cultura da organização e os papéis das partes interessadas sobre a forma como influenciam a implementação de planos estratégicos no sector público, com destaque para as agências executivas na Tanzânia, que não são abrangidas pelos estudos empíricos acima referidos. O resumo da revisão da literatura empírica é apresentado nos Quadros 2.2 e 2.3 nas páginas 21 e 22, respetivamente.

Tabela 2.2: Resumo da revisão da literatura empírica

Title & Author	Variables Identified in the Study	Findings	Critiques
Factors Affecting Effective Implementation of Strategic Plans in Non-Governmental Organisation in Kenya. By Abok (2013)	Organisation Culture, role of stakeholders	Organisations which provided a conducive environment were effective in incorporating culture that encouraged togetherness, team work spirit, and willingness to share and execute goals of organization.	Findings of this study may not be generalizable to the public sector in Tanzania due to different environment and context. Further, the study did not consider other variables which are considered by this study such as top management support and organisation resources.
Factors Affecting Strategy Implementation in Private Universities in Kiambu County, Kenya By Gachua and Mbugua (2016)	Management commitment; organisational resources	Implementation of strategies in private universities is highly influenced by management commitment and availability of resources for strategic decision making.	The study was limited to two variables and focused on the private sector which is rather different to the public-sector context under this study. The context of these two studies is different completely.
Key success factors for strategy implementation in Latin America. By Brenes and Mena (2008).	Organisational culture	86% of the most successful firms consider aligning culture with strategy is very significant, where only 55% of less successful firms do not consider the importance of culture.	The study is about Latin America which is rather different to Tanzania and is focused on one variable in not of interest in this study.

Quadro 2.3: Resumo da revisão da literatura empírica

Title & Author	Variables Identified in the Study	Findings	Critiques
Factors Influencing Strategy Implementation in the Tourism Industry: A Study of Maasai Mara National Park in Kenya By Imbali, Muturi, Abuga (2016).	Management support; organisational culture.	Values held by top management; strength of organizational culture relating to the degree of consistency of beliefs, values assumptions and practices in the sector was the most influential to strategy implementation.	The study considered only two variables. The study is on tourism sector which may not be generalizable to the public sector. Kenyan context is slightly different from Tanzania.
Factors Affecting Strategy Implementation: A Case Study of a Local Municipality in Mpumalanga Province, South Africa By Nkosi, (2015)	Organisational resources.	Lack of adequate financial resources was a significant challenge in strategy implementation in Mpumalanga municipality.	The study considered only financial resources, did not consider other resources such as human, material and information resources. The south Africa context is quite different from Tanzania.

2.4.1 Lacuna de conhecimento

Os estudos acima referidos tentaram estabelecer uma ligação entre a formulação e a execução do plano estratégico e diferentes variáveis, como a cultura da organização, os estilos de gestão, as comunicações e os recursos da organização, sobre a forma como influenciam a execução do plano estratégico. Além disso, a maior parte dos estudos concentrou-se nas ONG e no sector empresarial. Nenhum dos estudos acima referidos estudou os factores que influenciam a implementação do plano estratégico no sector público, com especial referência às agências de execução na Tanzânia. A este respeito, este estudo procurou colmatar esta lacuna de conhecimento existente na literatura.

2.5   Resumo do capítulo

O capítulo abordou a revisão da literatura teórica e empírica. Além disso, foi apresentado o quadro concetual que indica as variáveis independentes e dependentes. O capítulo seguinte apresenta a metodologia de investigação deste estudo.

CAPÍTULO TRÊS
METODOLOGIA DE INVESTIGAÇÃO

3.0 Introdução

O capítulo apresenta os métodos e procedimentos utilizados para realizar o estudo dos factores que influenciam a implementação do plano estratégico no sector público. O capítulo mostra a amostragem e os procedimentos de amostragem utilizados, os métodos de recolha de dados e a forma como os dados foram analisados para responder às questões deste estudo.

3.1 Conceção da investigação

O estudo adoptou um desenho de inquérito descritivo, uma vez que visava recolher informações dos inquiridos sobre os factores que influenciam a implementação do plano estratégico no sector público, com especial referência às agências executivas na Tanzânia. A investigação descritiva é utilizada em estudos preliminares e exploratórios para permitir ao investigador recolher informações, resumir, apresentar e interpretar dados para efeitos de clarificação (Orodho, 2009). O seu objetivo é determinar e relatar a forma como as coisas são e ajuda a estabelecer a situação atual da população em estudo (Mugenda & Mugenda, 2003). O estudo seleccionou este modelo devido à sua capacidade de garantir a objetividade e aumentar a fiabilidade das provas recolhidas.

3.2 População-alvo

O estudo incidiu sobre 27 agências de execução em Dar es Salaam, na Tanzânia. A população visada era constituída por gestores de topo e trabalhadores de nível intermédio destas agências. Dar e Salaam foi selecionada como área central por ser o centro da sede das agências de execução na Tanzânia.

3.3 Quadro de amostragem

Mugenda & Mugenda (2003) argumentam que a amostragem é a parte da prática estatística relacionada com a seleção individual ou observações destinadas a produzir algum conhecimento da população em estudo. Aconselham que uma amostra de 10% do investigador é adequada, desde que o tamanho da amostra seja superior a 30 (n > 30). Neste estudo, foram seleccionadas 5 agências executivas de um total de 27; e foram seleccionados 50 inquiridos de uma população-alvo de 470 pessoas em cinco agências executivas.

3.4 Amostragem e técnicas de amostragem

A técnica de amostragem probabilística, ou seja, a amostragem aleatória simples, foi utilizada para selecionar cinco (5) das 27 agências de execução sediadas em Dar es Salaam, na Tanzânia. Em seguida, o investigador utilizou a técnica de amostragem conveniente para selecionar 50 inquiridos de entre 470 funcionários das cinco agências executivas seleccionadas, que incluem a Agência de Transportes Marítimos e de Superfície (SUMATRA), a Agência de Construção da Tanzânia (TBA), a Agência de Serviços Florestais da Tanzânia (TFSA), a Agência de Serviços Eléctricos, Mecânicos e Electrónicos da Tanzânia (TEMESA) e a Agência Nacional de Estradas da Tanzânia (TANROADS).

3.5 Método de recolha de dados

No que respeita a este estudo, foram recolhidos dados qualitativos e quantitativos. Para a recolha de dados primários, foram utilizados questionários estruturados, tendo este instrumento sido auto-administrado à população-alvo. O instrumento foi utilizado devido ao facto de, num curto espaço de tempo, abranger um grande número de inquiridos. Além disso, dá ao inquirido a privacidade para dar opiniões livres e independentes devido à ausência do investigador. Os dados secundários foram obtidos em fontes documentais e online.

3.6 Teste piloto

O pré-teste dos questionários do inquérito foi feito para garantir que eram relevantes, controláveis e eficazes. Uma das principais razões para realizar o estudo-piloto foi verificar a validade e a fiabilidade dos questionários. Foi realizado um estudo-piloto em duas agências de execução para testar os instrumentos de recolha de dados. No entanto, as agências de execução que foram seleccionadas para o teste-piloto não eram elegíveis para a amostra principal do estudo.

3.7 Análise e apresentação de dados

E diting of questionnaires was done ensure consistency and completeness before procession the information collected. Em seguida, o SPSS e a folha de cálculo Excel foram utilizados para analisar os dados antes da interpretação e apresentação dos resultados.

3.8 Resumo do capítulo

O capítulo apresentou a metodologia de investigação adaptada a este estudo. O capítulo seguinte apresentará e discutirá os resultados deste estudo.

CAPÍTULO QUATRO

APLICAÇÃO DO PLANO ESTRATÉGICO NAS AGÊNCIAS DE EXECUÇÃO

4.0 Introdução

Este capítulo apresenta as respostas das agências-alvo que constituíram a amostra do estudo, cujo principal objetivo era investigar os factores que influenciam a implementação de planos estratégicos no sector público, com referência às agências executivas na Tanzânia. Os dados foram analisados através de estatísticas descritivas e apresentados através de tabelas e gráficos. Além disso, a análise e a discussão foram efectuadas no final de cada variável, a fim de determinar estatisticamente se as variáveis independentes afectam ou não a variável dependente.

4.1 Taxa de resposta do estudo

Foi selecionada uma amostra de cinco (5) agências executivas de entre 27 agências situadas em Dar es Salaam, na Tanzânia. Das 5 agências, foi retirada uma amostra de 10,6% de 50 inquiridos através de uma amostragem conveniente. De acordo com Kothari (2003), uma inferência estatística só é válida se for efectuada a partir de uma amostra suficientemente grande, igual ou superior a 10% da população em estudo. A informação na tabela 4.1 indica que um total de 50 inquiridos de cinco (5) agências representa 89,3% da amostra deste estudo.

Tabela 4.1: Taxa de resposta

Agency	Population	Expected sample	Observed frequency	Sample Percentage within Agency Total
TEMESA	76	10	8	80
TANROADS	109	13	11	84.6
SUMATRA	111	16	12	75
TBA	88	13	9	89.2
FCC	86	13	10	76.9
Total	**470**	**56**	**50**	**89.3**

4.2 Apoio da gestão de topo

O objetivo específico do estudo era investigar de que forma o apoio da gestão de topo influencia a implementação de planos estratégicos no sector público. Para o efeito, foram utilizados indicadores como a forma como os trabalhadores são envolvidos no processo de implementação, o empenho da gestão de topo, a forma como a gestão motiva os trabalhadores no processo de implementação e a forma como as decisões são tomadas para uma execução bem sucedida das estratégias.

4.2.1 Participação da direção na implementação do plano estratégico

Esta pergunta pretendia determinar se os funcionários são envolvidos pela gestão de topo na formulação e implementação do plano estratégico nas agências de execução. Os resultados apresentados na figura 4.1 indicam que 70% dos inquiridos concordaram que a gestão de topo os envolve no processo de formulação e implementação, enquanto apenas 8% discordaram em geral da questão e 8% dos inquiridos foram neutros.

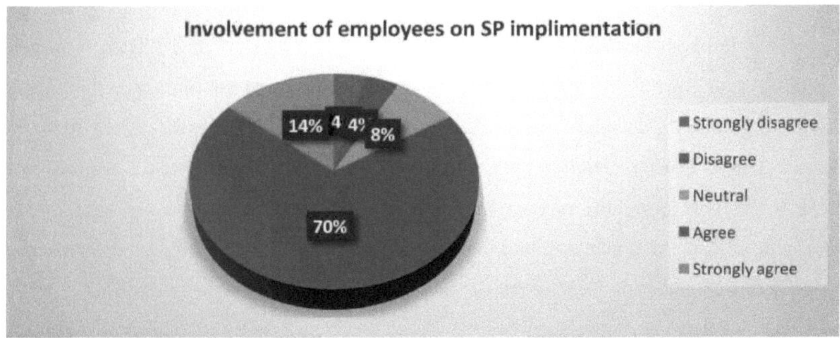

Figura 4.1: Envolvimento dos trabalhadores na implementação do PE

Esta constatação é apoiada por Taylor (1995) e Awino (2007), que confirmaram a grande importância de envolver os gestores de nível intermédio e funcional na defesa das estratégias da organização de execução. Do mesmo modo, Thompson e Strickland (2007) sublinharam a necessidade de envolver todos os níveis de gestão e os principais trabalhadores na implementação do plano estratégico.

4.2.2 A Direção motiva os empregados na implementação do PE

No que diz respeito à questão de saber se a gestão de topo motiva os funcionários no processo de implementação do plano estratégico nas agências executivas na Tanzânia, os resultados indicam que 18% dos inquiridos concordaram fortemente e 48% dos inquiridos concordaram com o assunto, respetivamente; enquanto 16% dos inquiridos discordaram e 20% foram neutros sobre a questão da motivação dos funcionários durante a implementação dos planos estratégicos. Isto mostra que a gestão de topo das agências executivas influencia o processo de implementação do plano estratégico no sector público através da motivação dos funcionários. A figura 4.2 abaixo indica graficamente esta conclusão.

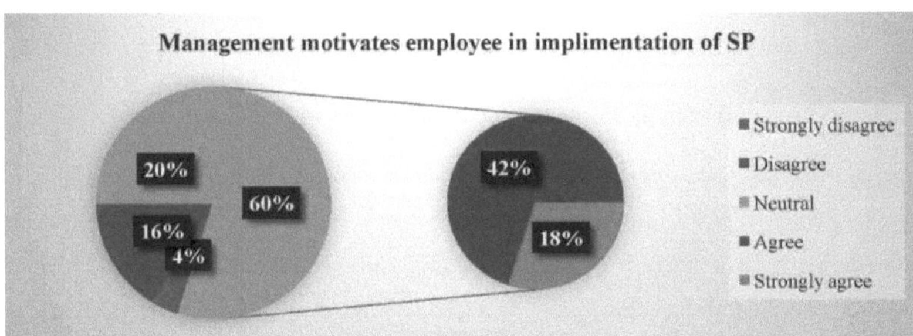

Figura 4.2: Motivações dos empregados na implementação do SP

Esta conclusão é também apoiada por outros académicos, como Amulyoto (2004), Osoro (2009) e Mulube (2009), que afirmaram que os trabalhadores trabalham bem para a implementação das estratégias da organização se forem motivados e recompensados pela gestão. Além disso, o estudo efectuado por Guest (2001) concluiu que o desempenho dos trabalhadores é impulsionado pela definição de objectivos correctos que os motivam a garantir medidas eficazes para os resultados pretendidos. Por conseguinte, este resultado apoia as conclusões dos académicos de que a motivação tem um papel a desempenhar na implementação de planos estratégicos no sector público.

4.2.3 Empenho da gestão na realização dos objectivos estratégicos

Nesta pergunta, pretendia-se saber se os gestores de topo estão empenhados na implementação dos planos estratégicos. Os resultados da tabela 4.1 revelaram que, em geral, 70% dos inquiridos concordaram que a gestão de topo está empenhada no processo de implementação dos planos estratégicos, enquanto apenas 12% dos inquiridos, em média, discordaram do empenho da gestão de topo. No entanto, 18% dos inquiridos foram neutros em relação a esta questão. As conclusões generalizam que os quadros superiores das agências de execução estão empenhados na implementação do plano estratégico.

Quadro 4.1: Compromisso de realização dos objectivos estratégicos

	Frequency	Percent	Valid Percent	Cumulative Percent
Strongly disagree	1	2.0	2.0	2.0
Disagree	5	10.0	10.0	12.0
Neutral	9	18.0	18.0	30.0
Agree	20	40.0	40.0	70.0
Strongly agree	15	30.0	30.0	100.0
Total	**50**	**100.0**	**100.0**	

Esta constatação é também confirmada por outros académicos, como Hoag, Ritschard e Cooper (2002) e Paul (2004), que concluíram que a falta de empenho da liderança da organização é um grande obstáculo à implementação do plano estratégico e que, por isso, os líderes devem participar no processo de conceção e implementação de sistemas de planeamento estratégico para apoiarem o processo de mudança na organização.

4.2.4 Tomada de decisões durante a implementação do plano estratégico

Quanto à questão de saber se a gestão de topo toma decisões atempadamente para promover a execução de estratégias nas agências de execução. Os resultados da Figura 4.3 revelaram que 46% dos inquiridos concordam que a gestão de topo toma decisões atempadamente, enquanto 22% dos inquiridos discordam da tomada de decisões atempada por parte da gestão de topo. Em princípio, os resultados revelam que a gestão de topo das agências de execução toma decisões atempadas para a implementação dos planos estratégicos.

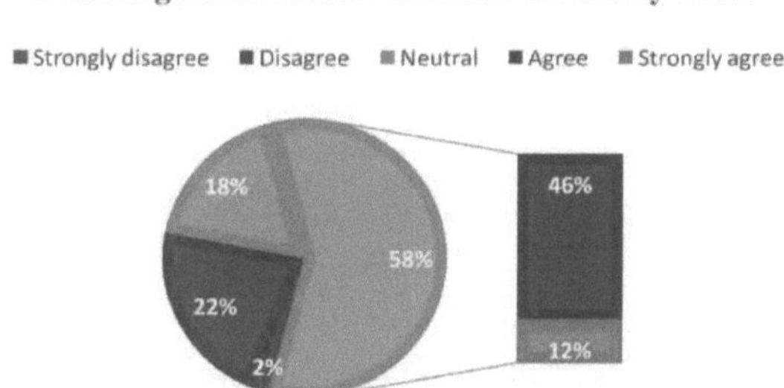

Figura 4.3: Tomada de decisões atempada

4.3 Organização Recursos para a implementação do PE

O segundo objetivo específico consistia em investigar de que forma os recursos da organização influenciam a implementação de planos estratégicos no sector público. Para o efeito, foram analisados indicadores como os recursos humanos, os recursos financeiros, os instrumentos e equipamentos de trabalho e a gestão adequada dos recursos, a fim de avaliar a forma como estes afectam a implementação dos planos estratégicos no sector público.

4.3.1 Disponibilidade de recursos humanos com conhecimentos

No que respeita à necessidade de recursos humanos com conhecimentos para a implementação de planos estratégicos. Os resultados da Tabela 4.2 indicam que, em geral, 78% do total dos participantes concordaram com a necessidade de recursos humanos formados para a implementação bem sucedida do plano estratégico; enquanto 10% discordaram e 12% foram neutros em relação à necessidade de recursos humanos com conhecimentos para a execução de estratégias no sector público.

Quadro 4.2: Disponibilidade de recursos humanos para a realização dos objectivos estratégicos

	Frequency	Percent	Valid Percent	Cumulative Percent
Disagree	5	10.0	10.0	10.0
Neutral	6	12.0	12.0	22.0
Agree	25	50.0	50.0	72.0
Strongly agree	14	28.0	28.0	100.0
Total	**50**	**100.0**	**100.0**	

As conclusões são apoiadas por outros estudiosos, como Pearce e Robinson (2009), que confirmaram que a formação e o desenvolvimento dos recursos humanos têm um impacto direto no controlo e na transformação de outros recursos para atingir os objectivos estratégicos.

4.3.2 Recursos financeiros para a execução do PE

Neste indicador, o estudo teve como objetivo determinar o nível em que os recursos financeiros ajudaram as organizações a implementar os seus planos estratégicos. Os resultados da figura 4.4 mostram que 66% do total dos participantes concordaram com a importância dos recursos financeiros para a implementação do plano estratégico, enquanto 10% dos inquiridos discordaram e 26% foram neutros quanto à necessidade de recursos financeiros no processo de implementação. Em geral, os resultados concluem que os recursos financeiros são muito importantes para a implementação dos planos estratégicos nas agências de execução seleccionadas na Tanzânia.

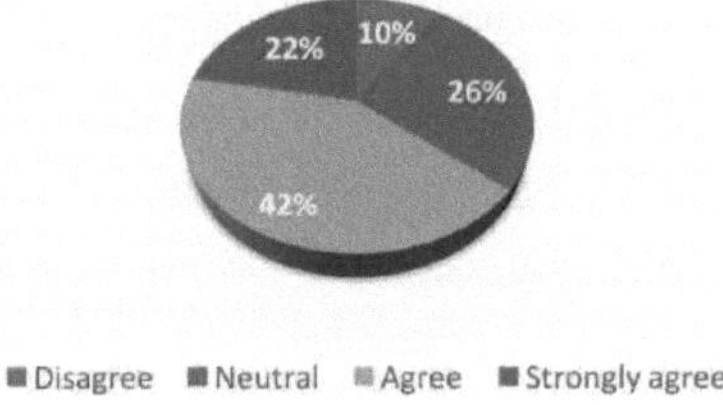

Figura 4.4: Recursos financeiros para a implementação do PE

Esta conclusão é apoiada por Barney (2001), que confirmou que o sucesso da mudança organizacional é sempre estabelecido através da determinação e da utilização de recursos específicos, de modo a obter uma execução bem sucedida.

4.3.3 Ferramentas e equipamento de trabalho suficientes para a implementação do PE

Nesta questão, o estudo pretendia saber se as agências de execução dispõem de ferramentas e equipamento de trabalho suficientes para a implementação dos planos estratégicos. Os resultados da figura 4.5 revelaram que 50% do total dos participantes concordaram e 20% dos inquiridos concordaram fortemente que as agências dispõem das ferramentas e do equipamento necessários para o processo de implementação, ao passo que 18% dos inquiridos discordaram e 12% foram neutros em relação à disponibilidade de ferramentas e equipamento para a implementação de planos estratégicos no sector público.

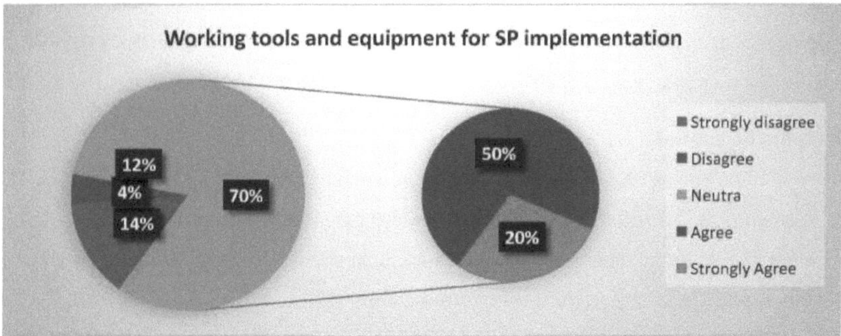

Figura 4.5: Ferramentas e equipamento de trabalho para a implementação do PE

A conclusão do estudo é apoiada por académicos que afirmaram que, quando os trabalhadores são capacitados, motivados, dotados de ferramentas modernas, e lhes é oferecida segurança no emprego e um ambiente livre para a criatividade e a inovação, terão tendência para guardar os recursos da organização e, por conseguinte, ajudar a alcançar os objectivos desejados da organização que são elaborados em planos estratégicos (Prahalad & Hamel, 1990).

4.3.4 Gestão adequada dos recursos no processo de implementação

Nesta pergunta, a investigação pretendia saber se existe uma gestão adequada dos recursos na execução das estratégias no sector público. Os resultados da figura 4.6 indicam que 66% do total dos participantes concordaram em geral com a gestão adequada dos recursos, enquanto 22% discordaram em geral e 12% foram neutros em relação à questão da gestão adequada dos recursos durante a implementação de planos estratégicos no sector público.

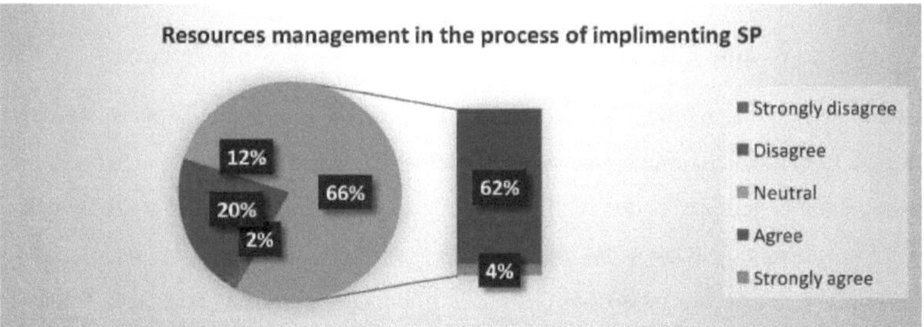

Figura 4.6: Gestão de recursos para a implementação do PE

Os resultados do estudo são apoiados por Pearce e Robinson (2009), que concluíram que os recursos raros, como peritos profissionais e uma base financeira sólida, são muito importantes para a execução de estratégias. Além disso, a ideia é apoiada por Barney (1991), que examinou a ligação entre os recursos da forma e a vantagem competitiva sustentada nas organizações.

4.4 Resumo do capítulo

O capítulo utilizou a análise descritiva para apresentar os dados sob a forma de percentagens, números e tabelas de frequência. As informações foram utilizadas para discutir as variáveis objeto deste estudo. O capítulo seguinte, o quinto, apresentará um resumo, uma conclusão e uma recomendação em relação aos resultados apresentados e discutidos no capítulo quatro.

CAPÍTULO CINCO
RESUMO, CONCLUSÃO E RECOMENDAÇÃO

5.0 Introdução

Este capítulo apresenta o resumo das principais conclusões sobre os factores que influenciam a implementação de planos estratégicos no sector público, com referência às agências de execução localizadas em Dar es Salaam, na Tanzânia. O capítulo também apresenta conclusões e recomendações relativamente a este estudo.

5.1   Resumo das principais conclusões

Este é o resumo das principais conclusões relativas a dois objectivos específicos que foram expostos neste estudo.

5.1.1   Apoio da gestão de topo

O primeiro objetivo específico do estudo era examinar se a gestão de topo apoia a implementação do plano estratégico no sector público:

5.1.1.1   O envolvimento da gestão é a implementação do PE

Os resultados revelaram que 70% dos inquiridos concordaram que a gestão de topo envolve os trabalhadores no processo de implementação do plano estratégico, enquanto 8% dos inquiridos discordaram desta questão. A conclusão é também apoiada por Taylor (1995), Awino (2007) e Thompson e Strickland (2007) que confirmaram que, para o sucesso da organização, é necessário envolver os trabalhadores no processo de implementação de planos estratégicos.

5.1.1.2   A Direção motiva os empregados na implementação do PE

Em relação a este indicador, os resultados revelaram que, em média, 66% dos inquiridos concordaram que a gestão das agências de execução na Tanzânia motiva os funcionários no processo de implementação do plano estratégico. Por conseguinte, é necessário motivar os funcionários para uma implementação bem sucedida do plano estratégico. A conclusão é apoiada por outros estudiosos como Amulyoto (2004), Osoro (2009) e Mulube (2009) que concluíram que a motivação tem um papel importante na implementação do processo de planos estratégicos no sector público.

5.1.1.3   Empenho da gestão de topo na implementação das PE

No caso do empenho, os resultados indicam que 70% dos inquiridos concordaram com o empenho demonstrado pela gestão de topo no processo de implementação do plano estratégico, enquanto 12% discordaram e 18% foram neutros. Isto confirma que os quadros superiores das agências de execução na Tanzânia estão empenhados na implementação de planos estratégicos. A conclusão é apoiada por outros académicos como Hoag, Ritschard e Cooper (2002) e Paul (2004) que estabeleceram que, para uma implementação bem sucedida do plano estratégico, deve haver um compromisso da liderança da organização que deve apoiar a conceção e a execução do plano em todo o processo de mudança.

5.1.1.4 Tomada de decisões durante a implementação do PE

Quanto à questão de saber se a gestão de topo toma decisões atempadas que afectam o processo de implementação, os resultados revelaram que 58% dos inquiridos concordaram com a tomada atempada de decisões por parte da gestão de topo, enquanto 22% dos inquiridos discordaram e 18% foram neutros nesta matéria. Por conseguinte, os gestores de topo das agências de execução na Tanzânia tomam decisões atempadas que influenciam a execução dos planos estratégicos.

5.1.2 Recursos da organização

No que diz respeito ao objetivo específico relativo aos recursos da organização, foram estudadas quatro subvariáveis, cujos pormenores são apresentados a seguir.

5.1.2.1 Disponibilidade de recursos humanos com conhecimentos

Os resultados revelaram que 78% do total dos inquiridos concordam que são necessários recursos humanos com formação para uma implementação bem sucedida do plano estratégico no sector público, enquanto 10% dos inquiridos discordam e 12% são neutros. A conclusão é apoiada por outros académicos, como Pearce e Robinson (2009), que confirmaram que a formação e o desenvolvimento dos recursos humanos são muito importantes para apoiar outros recursos na consecução dos objectivos da organização.

5.1.2.2 Recursos financeiros

Em relação a este indicador, os resultados indicam que 66% dos inquiridos concordaram que os recursos financeiros são importantes para a implementação bem sucedida dos planos estratégicos, enquanto 10% dos inquiridos discordaram e 24% foram neutros. Isto confirma que os recursos financeiros são fundamentais para a execução bem sucedida de estratégias no sector público. A importância dos recursos financeiros na implementação da estratégia também é apoiada por Barney (2001), que afirmou que qualquer sucesso da mudança organizacional é alcançado através da utilização dos recursos da organização, incluindo os recursos financeiros.

5.1.2.3 Ferramentas e equipamento de trabalho suficientes

No que diz respeito à importância das ferramentas e do equipamento de trabalho, os resultados mostram que 70% dos inquiridos concordam com a necessidade de dispor de ferramentas e equipamento de trabalho suficientes, enquanto 20% dos inquiridos discordam e 12% dos inquiridos são neutros. Por conseguinte, o equipamento e as ferramentas são fundamentais para a execução eficaz de estratégias no sector público. Isto é apoiado por outros estudiosos, como Prahalad e Hamel (1990), que afirmaram que os funcionários com sistemas e ferramentas de trabalho modernos e fiáveis tendem a trabalhar para atingir os objectivos declarados para o sucesso da organização.

5.1.2.4 Gestão correcta dos recursos

No que diz respeito à gestão adequada dos recursos, os resultados indicam que 66% dos inquiridos concordam com esta questão, enquanto 22% dos inquiridos discordam e 12% dos inquiridos são neutros. Por conseguinte, confirmou-se que a gestão adequada dos recursos é muito importante para a execução de estratégias no sector público. Este facto é corroborado por outros académicos, como Pearce e Robinson (2009) e Barney (1991), que afirmaram que os recursos da organização são cruciais para uma implementação bem sucedida da estratégia.

5.2   Conclusão

O estudo foi concebido para investigar os factores que influenciam a implementação de planos estratégicos no sector público, com especial incidência nas agências executivas da Tanzânia. Em relação aos resultados revelados neste estudo, pode concluir-se que a gestão de topo afecta positivamente a implementação de planos estratégicos, uma vez que, em média, 68% dos inquiridos concordaram com a importância do apoio da gestão de topo para uma implementação bem sucedida do PE.

Em segundo lugar, no que diz respeito à importância dos recursos da organização para a implementação de planos estratégicos, uma média de 67% dos inquiridos concordou que os recursos humanos e financeiros são muito importantes no processo de implementação do plano estratégico. Outras questões que foram creditadas incluem a gestão adequada dos recursos e a disponibilidade de ferramentas e equipamento, que são factores-chave para o êxito da execução de estratégias no sector público.

5.3   Recomendação do estudo.

As recomendações do estudo são dadas em relação aos objectivos específicos e às conclusões apresentadas no capítulo 5 do presente relatório.

5.3.1   Apoio da direção de topo

O estudo recomendou que a administração continue a apoiar os funcionários no processo de implementação de planos estratégicos no sector público. O apoio deve ser em termos de conhecimentos especializados, recursos financeiros e outros recursos que acrescentem valor aos seus esforços de implementação de estratégias. Além disso, a gestão de topo pode ser envolvida em termos de monitorização e avaliação de tempos a tempos, a fim de determinar o sucesso e a área que precisa de ser melhorada após as avaliações para uma implementação bem sucedida dos planos estratégicos.

5.3.2 Recursos da organização

Em relação aos recursos, o investigador recomenda uma melhor definição de prioridades na atribuição e utilização de recursos no sector público. Isto conduzirá a uma melhor utilização dos recursos, à redução dos custos globais e à afetação de mais recursos a actividades viáveis identificadas que criarão valor e melhorarão a qualidade da prestação de serviços.

5.4 Áreas para estudos futuros

Este estudo considerou apenas duas variáveis, ou seja, os recursos da organização e o apoio da gestão de topo, que foram exaustivamente cumpridas neste estudo. No entanto, recomenda-se a realização de mais estudos para abranger outros objectivos que não foram considerados neste estudo e que podem afetar a implementação de planos estratégicos no sector público.

REFERÊNCIA

Abok, A.M. (2013) *Factores que afectam a implementação eficaz de planos estratégicos em organizações não governamentais no Quénia,* relatório de tese, Nairobi, JKUAT.

Ali, M & Hadi, A. (2012) *Surveying and Identifying the factors affecting successful implementation of business strategies in companies of far province industrial towns;* International Journal of Business and Social, 3/1.

Aldehayyat, J. S. & Anchor, J. R. (2010). Strategic Planning Tools and Techniques in Jordan: Awareness and Use, *Strategic Change, 17, 281-293.*

Alford, J. (2001). The implications of "publicness" for strategic management theory", em G. Johnson e K. Scholes (eds), *Exploring Public Sector Strategy.* Harlow: Prentice-Hall, 1-16.

Al-Mashari, M., Al-Mudimigh, A., e Zairi, M. *(2003). Taxonomia de factores críticos do planeamento de recursos empresariais.* Jornal Europeu de Investigação Operacional.

Amulyoto, C. N. (2004). *Strategy as Vehicle for Change in Organizational Training (Estratégia como veículo para a mudança na formação organizacional).* Nairobi, Universidade de Nairobi, Nairobi

Atkinson, H. (2006). Implementação da estratégia: A Role for The Balanced Scorecard? *Management Decision, 44 (10), 1441 - 1460.*

Awino, Z. B. (2007). *The Effect of Selected Variables on Corporate Performance (O Efeito de Variáveis Seleccionadas no Desempenho Empresarial): A Survey of Supply Chain Management in Large Private Manufacturing Firms in Kenya.* Universidade de Nairobi: Relatório não publicado.

Bana, B. A. & Ngware, S.A. (2006). Reforming the Public Service: The Tanzania Experience, In Kiragu, K & Mutahaba, G (eds), *Public Service Reform in Eastern and Southern Africa: Issues and Challenges;* Dar es Salaam: Mkuki na Nyota Publishers, 2000-224

Barney J., (1991). *Firms resources and sustained competitive advantage.* Journal of Management, 17, No. 1, 99-120.

Barney, J. (2001) *Is the Resource-Based "View" a Useful Perspective for Strategic Management Research?* Academy of Management Review, vol. 26, n.º 1, pp. 41-56.

Bryson, J.M. (2004). *Strategic Planning for public sector and Non Profit Organisation: A guide to strengthening and sustaining organisational achievement,* 3ª edição, Jossey-Bass, São Francisco.

Brenes, E.R., & Mena, M. (2008). Key Success Factors for Strategy Implementation in Latin America. *Journal of Business Research, 61(6), 590-598.*

Bryson, J. M. (2011). *Strategic Planning for Public and Non-Profit Organizations a Guide to Strengthening and Sustaining Organizational Achievement [Planeamento Estratégico para Organizações Públicas e Sem Fins Lucrativos - Um Guia para Reforçar e Sustentar o Sucesso*

Organizacional]. São Francisco, CA: Jossey-Bass.

Butterfield, R, Edwards, C e Woodall, J. (2004). The New Public Management and The UK Police Service, *Public Management Review, 6 (3), 395-415.*

Casey, J. (2009). *Policing the World: Theory and Practice of International Policing,* Carolina Academic Press, Durham, NC.

Cater, T., & Pucko, D. (2010). Factores de implementação eficaz da estratégia: Empirical Evidence from Slovenian Business Practice. *Journalfor East European Management Studies, 15(3), 207-236.*

Caulfield, J. (2002). Agências executivas na Tanzânia: Libertação e dívida do terceiro mundo. *Administração Pública e Desenvolvimento,* 22 (2), 209-220.

Charan, R. & Colvin, G. (1999) *Why CEO's Fail?, Fortune Magazine,* junho, 21 encontrado em; http://archive.fortune.com/magazines/fortune/fortune_archive/1999/06/21/261696/index.   htm acedido em 4 de junho de 2016.

Christensen, T & Laegereid, P. (2001) *New Public Management; The Transformation of ideas and practice,* Ashgate, USA, 209-229

Donaldson, S.A., & Preston, R.D. (1995) *Corporate culture's impact of a strategic approach to quality.* Mid-American Journal of Business, 15(1).

Franken, A., Edwards, C., & Lambert, R. (2009). Understanding the Critical Management Elements That Lead to Success (Compreender os elementos críticos de gestão que conduzem ao sucesso). *California Management Review, 51*(3).

Gachua, M & Mbugua, D. (2016). Factores que afectam a implementação da estratégia em universidades privadas no condado de Kiambu, Quénia; *Revista Internacional de Inovações em Gestão e Comércio, 4, (2), 118-122*

Gillespie, J. (2006). *Policing Performance Management Systems: Identifying Key Design Elements Within a New Public Management Context,* School of Business Management, Edith Cowan University, Perth.

Gorringe, P. (2001). *Economics for Policy: Expanding the Boundaries,* Institute of Policy Studies, Victoria University, Wellington.

Grant, R. (2003). Strategic Planning in a Turbulent Environment: Evidence from The Oil Majors. *Strategic Management Journal, 24, (1) 491-517.*

Guth, M. J. & McMillan, O. (1986). *The dynamics of organizational culture.* Academy of management review, 18.

Hardy, C. (1996). Understanding Power: Bringing About Strategic Change. *British Journal of Management, 7(10), 4531- 4552.*

Hrebiak, L.G. (2006). *Obstáculos à implementação efectiva da estratégia;* Dinâmica Organizacional,

35, 12-31

Guest, D. E. (2001). *Gestão de recursos humanos: When Research Confronts Theory,* International Journal of HRM, 12 (7), pp. 1092-1106.

Hardy, C. (1996). *Understanding power: Bringing about strategic change.* Reino Unido Journal of Management, 7(10453172), S3-S3.

Heyer, G. (2010). New Public Management a Strategy for Democratic Police Reform in Transitioning and Developing Countries, Policing: *An International Journal of Police Strategies & Management, 34, (3), 419-433.*

Hoag, B, Ritschard, H e Cooper, C (2002) *Obstacles to effective organizational change: the underlying reasons,* Leadership and Organizational Development Journal, vol. 23, no. 1, pp. 6-15.

Horton, S. (2006). New Public Management: Its Impact on Public Servant's Identity, *International Journal of Public Sector Management, 19, (6), 533-542.*

Imbali, T; Muturi, W; Abuga, M.V. (2016). Factores que influenciam a implementação da estratégia na indústria do turismo: A Study of Maasai Mara National Park in Kenya, *European Journal of Business and Management, 8 (7), 2016-2031.*

James, O. (2003). *The executive revolution in Whitehall.* Londres: Palgrave.

Jarzabkowski, P. & Balogun, J. (2009) *The practice and process of delivering integration through strategic planning;* Journal of Management Studies, Vol. 46; 8, 1255-1288.

Joshi, A., & Ayee, J. (2009). Autonomia ou organização? Reforms in the Ghanaian internal revenue service. *Administração Pública e Desenvolvimento,* 29 (1), 289-302.

Kettle, D. (2002). *The Transformation of Governance: Public Administration for The Twenty- First Century,* MD: Johns Hopkins University Press.

Kothari C. R. (2003). *Metodologia de investigação: métodos e técnicas.* (3 Ed.). Nova Deli: Vishwa Parakashan.

Koufopoulos, D. N. & Chryssochoidis, G. M. (2000), *The effects of an uncertain country environment upon leadership and strategic planning practices.* Journal of Strategic Change, Vol. 9, 379-395.

Li, Y., Guohui, S., & Eppler, J.M. (2010). *Making strategy work: a literature review on the factors influencing strategy implementation.* Documento de trabalho da ACI 2/2008.

Lorange, P. (2010). *Planeamento empresarial; um ponto de vista executivo.* Memphis, EUA: General Books.

Menzel, S. D., Churchill, F.J., Tulip, L.E., & Maureen, W.D. (2008). *A liderança transformacional e o desempenho da equipa.* Journal of organizational change Management, 17(2).

Mintzberg, H. (2004). *A queda e a ascensão do planeamento estratégico.* Harvard Business Review.

Moore, M. H. (2000). Managing for Value: Organizational Strategy in For-Profit, Non-Profit, And

Governmental Organizations, *Non-Profit and Voluntary Sector Quarterly, 29 (10), 183- 204.*

Morgan, M., Levitt, R.E. e Malek, W. (2007). *Executing Your Strategy; How to Break It Down and Get It Done.* EUA: Harvard Business Publishing.

Moynihan, D. (2006) Ambiguity in policy lessons: the Agencification experience. *Administração Pública,* 84 (4), 1029-1050.

Mugenda, O.M., & Mugenda, A.G. (2003). *Métodos de investigação: Quantitative and qualitative approaches.* Nairobi: Actos Press.

Mulube, J. K. (2009). *Effects of organizational culture and competitive strategy on the relationship between human resource management strategic orientation and firm performance.* Nairobi, Universidade de Nairobi

Mumbua, N.J & Mingaine, L. (2015). Factores que influenciam a implementação de planos estratégicos no Conselho Municipal de Machakos, Quénia; *Jornal Internacional de Arte e Ciências Humanas (IJAHS), 2 (3), 11-21*

Mumenya, A. G; Mokaya, S.O & Kihara, C. M. (2014). Liderança como um fator que afeta a implementação eficaz da estratégia na indústria de manufatura no condado de Nakuru, Quênia: Um estudo de caso da Bidco Oil Refineries Limited; *Revista Internacional de Ciência e Investigação (IJSR), 3, (10)*

Ng'ang'a, W.J & Ombui, K. (2013). Factores que influenciam a implementação de planos estratégicos em escolas secundárias públicas no distrito de Lari, condado de Kiambu; *Revista Internacional de Ciência e Investigação (IJSR), 2 (11), 2319-7064*

Njunwa, P (2005) *Public Sector Reforms in Tanzania,* Tanzânia, Mzumbe University Press

Nkosi, S. M. (2015). Factores que afectam a implementação da estratégia: A Case Study of a Local Municipality in Mpumalanga Province, South Africa, *European Journal of Business and Management, 7 (36), 2015 -2064.*

Okioga, C.K. (2012), *Strategies which are key to the success of the corporate institution in Kenya. Um caso de instituições empresariais seleccionadas no Quénia.* Jornal Europeu de Negócios e Gestão, Vol. 4, 15, 31-43.

Okumus, F. (2003) *Towards a strategy implementation framework.* Jornal Internacional de Gestão Hoteleira Contemporânea, 13/17 - 338

O'Regan, N., & Ghobadian, A. (2002). Planeamento Estratégico Formal: The Key to Effective Business Process Management? *Business Process Management Journal, 8 (5), 416 - 429.*

Orodho. J.A. (2009). *Elementos de Métodos de Investigação em Educação e Ciências Sociais.* Nairobi; Quénia, Kanezja Publishers.

Osoro, D. E. (2009). *A teoria da agência no sector sem fins lucrativos: o seu papel nos colégios independentes.* Non-profit and Volunteer Sector Quarterly, Vol. 29 No.2.

Paul, J (2004) *Public Sector Strategic Management the Changes Required,* Strategic Change, vol. 13, pp. 107-110.

Pearce, J. A., & Robinson, R. B. (2009). *Strategic Management: Formulação, Implementação e Controlo.* (7 Ed.). Homewood, IL: Richard D. IRWIN Inc.

Peteraf, M., & Barney, J. (2003). *Unravelling the Resource - Based Tangle; Managerial and Decision Economics;* Vol.24, 309 - 323

Poister, T. H. (2005). Strategic Planning and Management in State Departments of Transportation. *International Journal of Public Administration, 28(13-14), 1035-1056.*

Poister, T. H., & Streib, G. (2005). Elementos de Planeamento e Gestão Estratégica na Administração Municipal: Status After Two Decades. *Public Administration Review, 65(1), 45-56.*

Pollitt, C., a & Bouckaert, G. (2004). *Public Management Reform: A Comparative Analysis,* 2nd Ed, Oxford: Oxford University Press.

Prahalad, C. K. & Hamel, G. (1990). *The Core Competencies of the Corporation.* New York: McGraw-Hill.

Prince, M. (2000) Banir a burocracia ou criar um híbrido? A agência canadiana de inspeção alimentar e a política de reinvenção do governo. *Governance,* 13 (2), 215-232.

Rudd, J. M., Greenley, G. E., & Beatson, A. T. (2008). Strategic Planning and Performance: Extending the Debate. *Journal of Business Research, 61(1), 99-108.*

Sekaran, U. (2010). *Research Methods for Business: A Skill Building Approach,* 5ed, EUA: John Wiley & Sons Publisher.

Singh, H. & Mahmood, R. (2014). Estratégia de fabricação e desempenho de exportação de pequenas e médias empresas na Malásia: Moderating Role of External Environment, *International Journal of Business and Commerce,* 3(5): 37-52.

Smullen, A. (2007). *Translating agency reform: rhetoric and culture in comparative perspective,* Dissertação de Doutoramento. Roterdão.

Sirkin, H.L., Keenan, P., & Jackson, A. (2005). *The hard side of change management,* Harvard Business Review, 83/10, 109 - 118.

Sulle, A. (2010). A aplicação das doutrinas da Nova Gestão Pública no mundo em desenvolvimento: Um estudo exploratório sobre a autonomia e o controlo das agências executivas na Tanzânia. *Administração Pública e Desenvolvimento, 30 (1), 345-354.*

Sumner, M. (1999). *Factores críticos de sucesso em projectos de sistemas de gestão da informação à escala da empresa.* Actas da Conferência das Américas sobre Sistemas de Informação (AMCIS), pp.232-4.

Syrett, M. (2007). *Successful Strategy Execution. How to Keep Your Business Goals on Target?* Londres: Profile Books Ltd.

Thompson, A.A., *Strickland, A.J., & Gamble, E.J. (2007) Crafting and executing Strategy:* Textos e Leituras. 15ª ed.; Nova Iorque: McGraw-Hill Irwin.

Verschuere, B. (2007). The autonomy- control balance in Flemish arm's length public agencies. *Public Management Review, 19* (1), 107- 133.

Wheelen, T. L. e Hunger, J. D. (2000). *Gestão Estratégica e Política Empresarial. Entrando na sociedade global do século XXI.* Addison Wesley Longman, Inc.

Whittington, R. (2002). *Corporate structure: From policy to practice, Handbook of strategic and management.* Califórnia, Sage Publications.

Yamamoto, K. (2006) Performance of semi-autonomous public bodies: linkage between autonomy and performance in Japanese agencies. *Administração Pública e Desenvolvimento,* 26 (1), 35-44.

Yip, G. (2003). *Total Global Strategy II,* 2ed. Nova Iorque: Prentice Hall.

Printed by Books on Demand GmbH, Norderstedt / Germany